AF382925

OPTIMISER SA COMMUNICATION ÉCRITE

Techniques et conseils pour formuler ses idées de façon claire et efficace

Par Florence Schandeler

50MINUTES.fr

DEVENEZ UN PRO
EN BUSINESS !

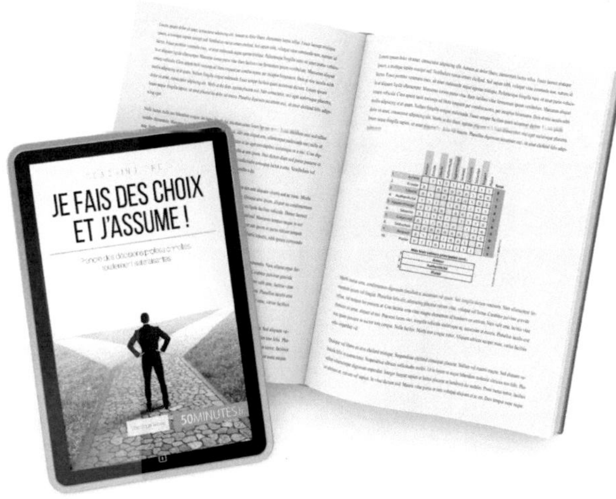

OPTIMISER SA COMMUNICATION ÉCRITE

- **Problématique ?** Comment communiquer efficacement par écrit pour transmettre des informations et se faire comprendre du plus grand nombre ?
- **Utilité ?** Parvenir à formuler ses idées ou le fruit de ses recherches, et les divulguer de façon claire et efficace. Améliorer la communication interne et externe de votre entreprise.
- **Contexte professionnel ?** Communication, relation professionnelle, capacités rédactionnelles.
- **FAQ ?**
  - Comment lutter contre l'angoisse de la page blanche ?
  - Quels types d'écrits retrouve-t-on en entreprise ?
  - Comment définir l'objectif de mon texte ?
  - Comment m'assurer que mon docu-

ment contienne toutes les informations nécessaires ?
- Comment formuler un argument ?
- Comment mettre en évidence les idées clés de mon texte ?
- Pourquoi et comment être concis ?
- Quels outils de référence utiliser pour rédiger ?
- Comment relire efficacement mon document ?

« Ce qui se conçoit bien s'énonce clairement, et les mots pour le dire arrivent aisément » répètent en chœur les philologues et professeurs de lettres en citant Nicolas Boileau (écrivain français, 1636-1711). Pourtant, force est de constater que les mots nous manquent souvent lorsque nous entreprenons de coucher nos idées sur papier. L'angoisse de la page blanche ne date pas d'hier et ne touche pas que les écrivains. Même si rédiger un rapport ou un e-mail ne relève pas tout à fait de l'art, cela reste un exercice rigoureux qui demande concentration et entraînement.

Dans ce livret, nous vous proposons de mettre à plat les tenants et aboutissants de la communication écrite afin d'envisager plus concrètement ses objectifs et ses modalités. Nous traiterons des enjeux et de la complexité de l'écriture, de la difficulté de se lancer dans la rédaction et nous vous présenterons des outils concrets pour structurer vos textes et transmettre vos idées efficacement.

B.A.-BA DU RÉDACTEUR INSPIRÉ

La transmission d'un message

Roman Jakobson (linguiste russe, 1896-1982) a établi un schéma reprenant les éléments constitutifs de tout acte de communication.

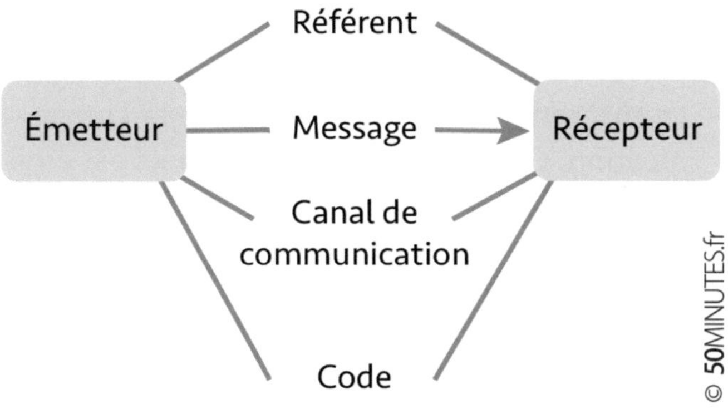

- **Le message** est l'objet de la communication, il est transmis par l'émetteur au récepteur.

- **L'émetteur** est la personne qui envoie le message.
- **Le récepteur** est celui à qui le message est destiné.
- **Le canal de communication** est la voie par laquelle est délivré le message (nos sens : ouïe, vue, etc.).
- **Le code** se définit comme l'ensemble de signes et de règles qui permettent la production et la transmission efficace de messages. Dans notre cas, il s'agit de la langue française. Parmi les autres types de code, on trouve par exemple, le Code de la route ou le langage des signes. Pour se comprendre, émetteur et récepteur doivent donc partager un code commun.
- **Le référent** est la face tangible de la communication. C'est le contexte dans lequel est émis le message. Il est constitué par les objets réels, la situation, les personnes, etc.

Selon le modèle de Jakobson, plusieurs paramètres sont à prendre en compte lors de la transmission d'un message. Tout d'abord, pour ne pas entamer un dialogue de sourds, l'émetteur comme le récepteur doivent vouloir communiquer entre eux : le premier encodera le message tandis que le second le décodera. Ensuite, pour se comprendre, il leur est nécessaire d'utiliser le même code, c'est-à-dire de parler la même langue et de connaître tous deux les termes et expressions employés.

Enjeux et embûches de la communication écrite

Dans la communication écrite, le destinateur et le destinataire ne sont pas forcément en présence directe. Dès lors, cela élimine toute communication non verbale (ou *body language*), qui par les gestes et les intonations participe à la transmission du message à l'oral. Ainsi, le récepteur d'un message écrit ne percevra pas instantanément les marques humoristiques ou le caractère ironique d'un propos. Les mots, seuls porteurs du message, prennent alors une importance considérable : ils doivent être assez précis pour pouvoir communiquer un message qui se suffit à lui-même. L'écrit oblige l'émetteur à être clair et direct dans sa communication et ne lui donne pas le droit à l'erreur.

Rédiger des documents professionnels clairs et productifs est un atout non négligeable pour vous et votre entreprise. Cette compétence peut vous aider à :

- améliorer la communication externe et interne de la société ;
- gagner en efficacité, ce qui correspond dans les faits à un gain de temps et d'argent ;
- fidéliser le client. Si vos textes, qui se font le reflet de votre entreprise, paraissent compré-hensibles et explicites, le client vous accordera plus facilement sa confiance.

S'adapter au lecteur

Nous avons vu que, pour communiquer, il faut partager un même code et parler une même langue au sens propre comme au figuré ; le langage du médecin n'est, par exemple, pas le même que celui de son malade, aussi veillera-t-il à vulgariser ses propos. Le milieu social, la culture, les études et notre vie professionnelle déterminent notre façon de nous exprimer et notre vocabulaire. Pour échanger efficacement, nous devons avant tout nous assurer d'être compris.

Ce conseil est valable pour tous les documents professionnels, qu'il s'agisse d'un e-mail, d'une synthèse, d'un prospectus ou d'un compte-rendu de réunion : glissez-vous systématiquement dans la peau de votre récepteur avant de commencer à rédiger. Si vous vous adressez à quelqu'un qui n'a pas les mêmes connaissances techniques que vous, veillez à adapter votre vocabulaire. Si ce dernier a besoin de recourir plusieurs fois au dictionnaire pour décoder votre message, il risque fort de se décourager ou de ne pas vous comprendre totalement. Par exemple, si une note de service doit être adressée à l'ensemble des employés d'une même entreprise, l'émetteur veillera à la rédiger dans le jargon du secteur. Cependant, si ce même émetteur rédige un pros-pectus ou une brochure à destination de futurs clients, il adaptera le vocabulaire employé en vue de toucher un public de non-initiés.

RÈGLE GÉNÉRALE

Un postulat à ne pas oublier à l'heure de rédiger : partez toujours du principe que votre lecteur ignore tout du sujet traité. C'est au rédacteur d'expliquer les notions présentes dans son document, de stipuler pourquoi il les aborde et d'exposer l'intérêt que le récepteur tirera de sa lecture.

Quel support pour quel objectif ?

Le plaidoyer, le prospectus promotionnel, le compte-rendu de réunion, l'e-mail professionnel, etc. sont autant d'écrits qui diffèrent par leur forme mais surtout par leur visée : persuader, informer ou encore adresser une requête. Avant de déterminer quel support utiliser, définissez votre objectif de communication. Ainsi, si vous souhaitez diffuser une information au sein de votre société, préférez la note d'information ou l'e-mail, et soyez complet dans vos explications. Si vous désirez avertir le public d'un événement concernant votre entreprise, privilégiez les prospectus ou les communiqués de presse. En outre, si votre but est de convaincre un client, utilisez la lettre commerciale et construisez de bons arguments ; si vous voulez instruire, soyez complets dans vos explications.

Dans tous les cas, une fois le texte rédigé, relisez votre écrit pour vous assurer d'avoir atteint votre objectif communicationnel.

La préparation

Il ne suffit pas de s'asseoir devant son ordinateur pour se mettre à l'ouvrage. Un travail de préparation est indispensable pour déterminer et délimiter le thème à traiter ainsi que l'objectif de votre document : quelle information devez-vous transmettre ? À qui ? Pourquoi ? Dans quel but ? Répondez à ces questions sur une feuille que vous garderez sous les yeux durant la rédaction.

Pour rédiger certains types d'écrits, il faudra vous documenter sur le sujet. Si vous n'avez pas encore choisi d'angle d'attaque, passez en revue la documentation existante à partir d'un moteur de recherche internet ou allez la consulter dans une bibliothèque universitaire par exemple. Lors de vos recherches, prenez des notes sur les idées qui vous paraissent intéressantes et synthétisez-les. Ces informations provenant de diverses sources vous fourniront des points d'entrée possibles dans la matière. Vous pouvez également utiliser les méthodes de préécriture expliquées ci-après.

TECHNIQUES DE PRÉÉCRITURE

- **Brainstorming** : cette méthode de management d'équipe a été inventée par Alex Osborn (publicitaire américain, 1888-1966) dans les années quarante. Le brainstorming appliqué à la rédaction personnelle consiste à noter sur une page vierge tout ce qui vous vient à l'esprit sur le thème que vous comptez aborder, sans vous censurer ni structurer votre pensée. Cette méthode a pour avantage de mobiliser votre concentration sur la tâche à réaliser et de vous faire garder une trace écrite de toutes vos idées. Vous pourrez les agencer par la suite au cours de votre rédaction.
- **Mind mapping** : cette technique de cartographie sert à représenter le cheminement de votre réflexion. Fonctionnant de manière associative, l'idée est ici de noter sur une feuille les mots-clés – en lien avec votre thème – qui vous viennent à l'esprit ou que vous découvrez au cours de vos recherches. Une idée en entraînant une autre, par association, vous serez peut-

être tenté d'explorer et de traiter d'autres thématiques et notions en lien avec votre sujet initial.

Par où commencer ?

Prenez le temps d'analyser les idées principales à présenter pour déterminer les différentes parties qui composeront votre écrit. À ce stade, les informations peuvent être organisées de façon à mettre en évidence les idées principales et à agencer ensuite les sujets secondaires. Structurez vos pensées avec des titres et des sous-titres, si besoin. Procédez de cette manière pour tout écrit professionnel : e-mail, lettre commerciale, notes, compte-rendu, etc.

Une fois le plan de votre texte défini, celui-ci apparaît comme une étagère où ranger méthodiquement vos données. Vous pouvez alors traiter et classer point par point les informations préalablement relevées. Le choix de votre plan (analytique, comparatif ou autre) dépend avant tout de l'objectif de communication et du type d'information à transmettre. Utilisez le plan comparatif dans le cadre d'une confrontation de deux points de vue divergents : par exemple, pour ou contre le changement des horaires de bureau ? Quels sont les avantages et inconvénients ? Comparez les deux opinions dans un tableau afin que vos lecteurs prennent connaissance de toutes les informations et choisissent l'option la plus appropriée. Si vous souhaitez lister les décisions résultant d'une réunion, le compte-rendu s'avère plus pertinent. Vous pourrez reprendre les actions à mener et les modalités pour chacune d'entre elles (personnes concernées, objectif, lieu et date).

STRUCTURE ET ÉCRITURE

Concevoir un plan clair et cohérent

Un texte, qu'il soit professionnel ou non, possède généralement une structure ternaire comprenant une introduction, un développement et une conclusion. Chacune de ces parties poursuit un objectif de communication qui lui est propre et couvre un certain nombre d'informations.

L'intro-duction	• Pose le thème • Contextualise le sujet (quel intérêt le lecteur aurait-il à lire ce document ?) • Le cas échéant, présente brièvement les documents étudiés • Annonce le plan
Le développement	Centré sur le message en lui-même, il est structuré en différentes parties de manière à présenter au lecteur les informations dans un ordre logique et à répondre aux questions que celui-ci pourrait se poser. Il est composé : • des titres et sous-titres permettant d'agencer de manière cohérente les différentes informations inhérentes au thème abordé. • de paragraphes, chacun amenant des éléments différents et complémentaires
La conclusion	• Fait le bilan de la discussion et répète les données principales • Annonce une éventuelle ouverture (suite à donner à la production, question posée directemment au lecteur sur le thème, etc.)

Erreurs de structure à éviter

- **Trop d'informations tuent l'information**. Assurez-vous de transmettre uniquement les informations nécessaires. Par exemple, si vous dressez le compte-rendu des décisions prises lors de la dernière réunion, ne déviez pas sur l'ordre du jour ni sur les prochains objectifs. Définissez un objectif par document et tenez-vous-en.
- **Où est passé le sujet ?** Difficile de se passer de pronoms durant la rédaction : ils allègent le texte et vous évitent de nombreuses répétitions. Attention cependant à leur usage abusif qui pourrait perdre votre lecteur. Vérifiez que pour chaque verbe le sujet est clairement identifiable. N'hésitez pas à le répéter si vous commencez un nouveau paragraphe ou que vous avez abordé une autre thématique entre-temps.
- **La mise en page : un détail insignifiant ?** Certainement pas ! Pour retenir l'attention de votre lecteur et qu'il assimile toutes les informations contenues dans votre document, laissez-le respirer. Rien de plus décourageant qu'un texte sans espaces, sans retours à la

ligne, sans sous-titres, etc. Utilisez les ressources à votre disposition pour rendre votre écrit plus attrayant (mise en page, polices, différences de typographie).

- **Du texte, du texte, encore du texte !** Une image est parfois plus parlante qu'un long discours. De plus, alterner entre les deux dynamisera votre contenu. Prenez en compte toutes les possibilités dont vous disposez (schémas, croquis, tableaux, etc.), notamment pour la rédaction de synthèses et de comptes-rendus de réunion qui sont plus longs.

Travailler son style

À l'écrit, la forme est aussi importante que le fond. Les conseils suivants vous aideront à travailler et améliorer votre style :

- **lisez votre texte à voix haute.** Même si votre document n'est *a priori* pas destiné à être lu oralement, cet exercice vous aidera à percevoir et à améliorer si nécessaire le rythme de votre texte ainsi que votre style rédactionnel. Tempo varié, mots justes, ponctuation adaptée, autant d'éléments qui rendront la lecture agréable et retiendront l'attention de votre récepteur ;
- **ayez recours au dictionnaire aussi souvent que possible.** La communication écrite est contraignante par son absence de contact

immédiat avec le lecteur. Les mots sont alors le seul support du message et il faut mesurer l'importance de chacun afin d'arriver à exprimer sa pensée. Pour trouver le mot juste, le recours au dictionnaire s'impose. Cet outil n'est en effet pas seulement utile pour la relecture orthographique. En prenant l'habitude de vérifier le sens des termes employés et de chercher des synonymes, vous affinerez votre vocabulaire et trouverez les mots adéquats pour chaque situation ;

- **soyez concis.** Préférez la qualité à la quantité. On veut parfois trop en dire, mais les longues phrases alourdissent souvent le texte et mettent à mal l'attention du lecteur. Ciblez les informations primordiales, formulez des phrases courtes et recherchez les mots justes ;
- **pratiquez.** Si certains se montrent plus doués que d'autres, « c'est en forgeant que l'on devient forgeron », et c'est en écrivant que l'on devient meilleur rédacteur. Contrairement aux idées reçues, le style n'est pas inné ; il s'acquiert par le travail et l'entraînement.

Pour améliorer la qualité de vos écrits, rien ne vaut l'avis de vos lecteurs. Si vous en avez l'occasion, demandez-leur un retour. Vos informations sont-elles claires et suffisantes ? Votre texte est-il indigeste ou agréable à lire ? En restant ouvert(e) à la critique, vous progresserez sans doute plus rapidement !

QUELQUES CAS PRÉCIS

Certains supports professionnels sont plus souvent utilisés que d'autres. En suivant nos conseils, la rédaction de ces documents n'aura bientôt plus aucun secret pour vous.

L'e-mail professionnel

L'e-mail est le premier moyen de communication dans les entreprises, il est donc primordial de maîtriser ses codes de mise en forme :

L'objet de votre courriel Assurez-vous qu'il soit suffisamment clair et percutant pour que le destinataire comprenne immédiatement de quoi il retourne.	« Changement de salle pour la réunion du 24 septembre »
La formule d'appel Un « Cher Monsieur », ou « Chère Madame » vaut mieux qu'un simple « Bonjour » informel. Ajoutez le nom (ou prénom si c'est un proche) de la personne afin de créer un lien.	« Chers employés, »

Le contenu

- Respectez la structure introduction/développement/conclusion pour que votre lecteur suive votre pensée.

- Placez en évidence les idées clés de votre message (mettez les informations importantes en début de paragraphe, utilisez les mises en forme italique et gras, les listes à puces, etc.)

- Faites attention à la longueur de votre email : plus il sera long, moins les informations seront retenues.

- Pensez à relire votre texte afin de vérifier le contenu et de corriger les fautes.

« La réunion de 24 septembre ne se déroule plus dans le salle Orange. Nous vous attendons tous à 10 heures dans la salle Violette, qui se situe à côté de la cafétaria. »

La conclusion

- Terminez votre courrier électronique par une formule de politesse ni trop familière ni trop for-melle. Optez pour un « Bien à vous » ou un « Cordialement » si vous connaissez peu votre destinataire.
- Enfin, signez : la signature transmet toutes les informa-tions nécessaires à votre interlocuteur pour vous identifier et vous recontacter si besoin (mail, télé-phone, fonction dans l'entreprise, etc.).

« je vous souhaite à tous une agréable journée,
Bien à vous. »

« **Hélène Lefas**
Directrice administrative
Entreprise Vent d'Hiver
Email : helene.lefas@ventd-hiver.com
Téléphone : 02.50.86.78.36 »

La lettre commerciale

La lettre commerciale sert à transmettre des messages aux partenaires de l'entreprise ou aux clients. Son but est de convaincre, mais également d'informer. Elle véhicule l'image de la société, aussi soyez très rigoureux lorsque vous la rédigerez au risque de faire fuir votre destinataire. Préférez un style neutre qui révélera le sérieux et l'efficacité de l'entreprise. La lettre commerciale prend généralement la forme suivante :

L'en-tête

Votre prénom et nom
Votre adresse
Code postal et Ville
Téléphone et Courriel

Ville, la date du jour

<u>Objet :</u> *L'objet doit être clair et accrocher votre lecteur.*

Madame, Monsieur, *(en fonction de votre destinataire)*

L'introduction

Paragraphe 1 : en une ou deux phrases, expliquez ce qui vous pousse à écrire cette lettre.

Le développement

Paragraphe 2 : dans cette partie, approfondissez vos arguments dans le but de convaincre le client ou le partenaire.

La conclusion

Paragraphe 3 : résumez les décisions et vos attentes.

La formule de politesse

Je vous prie d'agréer, Madame, Monsieur, l'expression de mes salutations distinguées.

Votre signature

H.L.

Le compte-rendu

Le compte-rendu est un document rédigé à la suite d'une réunion. Il poursuit deux objectifs :

- résumer des discussions et garder une trace fidèle et fiable des conclusions de la réunion ;
- acter les décisions et les actions qui en résultent.

Les conseils suivants vous aideront à optimiser sa rédaction :

<table>
<tr><td align="center">Contenu</td></tr>
</table>

- La date, l'heure et le lieu de la rencontre
- Le nom des participants et des absents
- Les différents sujets et questions abordés
- L'avis exprimé sur chaque point
- Les décisions prises et les actions à mener
- Le nom des employés chargés de leur exécution
- La date, l'heure, le lieu et les sujets à traiter lors de la prochaine réunion
- La signature du président de la réunion

<table>
<tr><td align="center">Style rédactionnel</td></tr>
</table>

- L'objectif d'un compte-rendu est de transcrire le plus fidèlement possible les propos émis durant la rencontre : commencez donc par prendre de nombreuses notes durant cette dernière afin de faciliter votre travail de rédaction
- Faites la synthèse de ce qui a été formulé, inutile de transmettre tous les détails
- Rédigez de façon objective et employez le présent de l'indicatif
- Enfin, vous pouvez organiser votre plan de façon chronologique ou thématique

TOP CONSEILS

- **Tenez compte de votre lecteur** : pour que votre texte soit lu, il doit susciter l'intérêt de votre lecteur. Lorsque vous concevez et relisez votre écrit, placez-vous dans la peau de votre destinataire. Attention également au ton que vous employez : par exemple, si vous rédigez un e-mail pour votre supérieur ou un client, évitez tout langage familier.
- **Allez à l'essentiel :** inutile de fournir un compte-rendu de dix pages si les informations principales tiennent sur trois. Plus vous surchargez votre document de détails, plus vos lecteurs sont submergés d'informations et moins ils en retiennent. Lors de votre relecture, n'hésitez pas à supprimer les paragraphes, phrases ou mots qui n'apportent pas d'information supplémentaire ou qui vous semblent superflus.
- **Ajoutez des exemples** : une information uniquement théorique reste souvent hermétique et difficile à assimiler. Les exemples rendront vos propos plus concrets et les lecteurs visuali-

seront mieux ce à quoi vous faites allusion.

- **Écrivez des phrases courtes** : loin du style de Marcel Proust (1871-1922), écrivain français célèbre pour ses phrases interminables, une écriture efficace passera par des phrases courtes. Durant la relecture, lorsque vous jugez une phrase trop longue pour être comprise aisément, divisez-la en plusieurs et placez en évidence les idées majeures.
- **Évitez les mots passe-partout** : bannissez les verbes « être », « avoir » et « faire » qui vous empêchent de nuancer vos propos. Par exemple, privilégiez « paraître » ou « sembler » au lieu d'« être » ; « posséder » ou « détenir » au lieu d'« avoir » ; « cuisiner » ou « mitonner » au lieu de « faire la cuisine ». Dans le même ordre d'idées, le mot « chose » est à proscrire !
- **Prenez le temps** : l'avantage de la communication écrite, c'est que vous disposez du temps nécessaire pour réfléchir à la forme que vous désirez donner à votre message. Utilisez-le à bon escient en étant le plus précis possible.
- **Évitez les répétitions** : si répéter l'information principale est essentiel pour que votre lecteur la perçoive et la retienne, les redites excessives

d'un même terme ou d'une même locution sont, quant à elles, à proscrire. Contrairement à l'oral où l'on a souvent tendance à employer les mêmes mots liens (« tu vois, et donc, et voilà », etc.), l'écrit invite à une plus grande variété d'astuces langagières, sans quoi vous lasserez le lecteur.

- **Utilisez la voie active** : en plus d'alourdir les formulations, la voix passive donne l'impression que le sujet subit l'action plutôt qu'il n'agit. Écrivez « nous vous avons choisi comme concepteur du nouveau programme » plutôt que « vous avez été désigné comme le concepteur du nouveau programme », afin de mettre en avant l'action menée ainsi que le récepteur du message.

- **Écrivez au présent** : parce que beaucoup de récits emploient le passé comme temps de narration, nous avons l'impression de devoir nous soumettre à cette règle. Or, en termes de communication, une information relatée au présent a beaucoup plus d'impact sur le lecteur puisqu'elle apparaît comme un fait actuel et avéré.

- **Mettez en évidence les connecteurs logiques** : en plaçant des connecteurs logiques en début de paragraphes et de phrases, tels que « car », « cependant » ou « ainsi », vous soulignez implicitement la structure de votre exposé et marquez les liens qui unissent vos idées.

- **Préférez les phrases affirmatives** : l'information qu'elles contiennent est plus facilement retenue par le lecteur. Écrivez, par exemple, « rangez les dossiers à la fin de la réunion » à la place de « n'oubliez pas de ranger les dossiers à la fin de la réunion ».

FAQ

COMMENT LUTTER CONTRE L'AN-GOISSE DE LA PAGE BLANCHE ?

Vous disposez de tous les éléments pour vous lancer dans votre rédaction à proprement parler : le sujet est ciblé et les recherches documentaires nécessaires terminées. Vous êtes fin prêt pour entamer l'écriture et pourtant, devant la page de traitement de texte, rien ne sort. Les minutes s'écoulent et la frustration, l'anxiété, le sentiment d'impuissance et parfois même la culpabilité s'intensifient. Pour comprendre ce phénomène, essayons d'en analyser les causes. Véronique Mimeault (psychologue canadienne) en dénombre quatre :

- **la peur de l'échec.** Nombreux sont ceux qui associent leurs performances professionnelles aux valeurs personnelles. Il nous arrive de penser que pour exister il faut s'accomplir professionnellement, et que, si l'on échoue dans la réalisation d'une tâche qui nous a été confiée, c'est toute notre personne qu'il faut remettre en cause. Dans ce contexte, la pression est grande lorsqu'il s'agit de se mettre au travail. Si c'est toute notre vie que nous jouons à chaque rédaction, il n'est pas étonnant d'être inquiet lorsque nous devons l'accomplir. Dès lors, relativisez et détendez-vous, car cet exercice ne doit pas devenir anxiogène. Essayez de le considérer davantage comme un jeu ;

- **le syndrome de l'imposteur.** Passage obligé pour les étudiants et les jeunes travailleurs en début de carrière, la réalisation d'un travail écrit à destination de professeurs ou supérieurs peut être perçue comme une occasion de dévoiler potentiellement leur incompétence. La peur au ventre, ils craignent d'être démasqués. Se jeter à l'eau leur semble alors presque impossible ;

- **le perfectionnisme.** À force de se fixer des objectifs irréalistes et de vouloir rédiger un texte parfait dès le premier jet, le perfectionniste risque de continuer à contempler sa page blanche plutôt que de se mettre au travail. Dès lors, il est nécessaire de prendre conscience qu'un travail n'est jamais parfait du premier coup. Acceptez de faire des erreurs : vous pourrez de toute façon les rectifier lors d'une seconde lecture ;

- **l'autocensure.** « On attend beaucoup trop de mon travail », « mon manager ne va pas trouver ça bon », etc. Anticiper négativement les avis et les réactions des lecteurs avant même de s'être lancé dans l'écriture est le meilleur moyen pour ne pas trouver ses mots et se bloquer. Soyez moins dur avec vous-même et laissez-vous une chance.

La peur de ne pas parvenir à réaliser le travail, d'être mal noté, de se rendre compte que le texte ne sera jamais parfait, ou encore de la critique des pairs et supérieurs, ne mène à rien. Au lieu d'anticiper les événements, commencez par vous faire confiance et croyez en vos capacités.

QUELS TYPES D'ÉCRITS PEUT-ON TROUVER EN ENTREPRISE ?

Dans le monde professionnel, il est nécessaire de distinguer la communication interne de la communication externe. En effet, vous ne choisirez pas le même support si vous le destinez à l'une ou à l'autre. Le tableau suivant reprend les types d'écrits professionnels que vous pouvez retrouver dans chaque communication :

Communication interne	Communication externe
• Mail	• Mail
• Note de service, d'information	• Brochure, prospectus
• Compte-rendu de réunion, rapports	• Communiqué de presse
• Synthèse	• Lettre commerciale
• Journal d'entreprise	• Newsletter
• Etc.	• Etc.

COMMENT DÉFINIR L'OBJECTIF DE MON TEXTE ?

Tout document professionnel a pour objectif la transmission d'un message. Pour atteindre ce but, vous devez concevoir clairement l'idée à communiquer et ses modalités. Dès lors, posez-vous les questions suivantes :

- Quelle information dois-je transmettre ?
- À qui ?
- Pourquoi ?

Les réponses vous aideront à définir s'il s'agit d'un texte informatif, argumentatif ou autre. Ensuite seulement vous pourrez opter pour un support approprié. Dans les deux cas, résumez la finalité de votre texte en un titre indicatif ou accrocheur : votre lecteur comprendra d'emblée face à quel type de communication il se trouve, et quels intérêts il en tirera.

COMMENT M'ASSURER QUE MON DOCUMENT CONTIENNE TOUTES LES INFORMATIONS NÉCESSAIRES ?

Pour vous assurer de n'omettre aucune information capitale, aidez-vous de cette série de questions :

- Quoi ?
- Qui ?
- Quand ?
- Comment ?
- Où ?
- Pourquoi ?

Avez-vous répondu à toutes ces interrogations ?

COMMENT FORMULER UN ARGUMENT ?

P**ETIT**** ****LEXIQUE**

- Opinion : jugement personnel.
- Fait : donnée avérée, réelle.
- Argument : opinion qui s'appuie sur un fait. Il a pour but de convaincre, de rallier le lecteur à notre avis personnel.

Pour convaincre son lecteur, il faut prouver ce que l'on avance et construire son texte comme une véritable démonstration. Les éléments qui serviront à attester la véracité de nos dires peuvent être de différentes natures.

Faut-il interdire la corrida ?

Types d'arguments	Exemples
La définition	« Bien sûr qu'il faut interdire la corrida. Comment peut-on autoriser des spectacles de mise à mort d'un animal ? »
La comparaison	« Vaut-il mieux vivre dans un élevage industriel et finir en abattoir que vivre dignement, en plein air et mourir dans une arène ? » « Le problème dans les débats sur la corrida, c'est que la plupart de ses opposants ne savent pas ce en quoi elle consiste puisqu'ils ne vont pas en voir et ne se basent que sur des vidéeos et des images sanguinolentes. C'est exactement comme si je prenais des photos d'enfants qui pleurent dans une cour de récréation et que je disais : "regardez l'école comme c'est cruel !" »

Types d'arguments	Exemples
La relation de cause à effet	« Interdire la corrida serait une erreur, car si elle disparaissait, la race des taureaux de Corbas s'éteindrait avec elle. »
La citation d'un expert ou d'un document qui fait autorité en la matière	« Le Code pénal lui-même reconnaît que la violence contre les animaux est un acte de cruauté. »

Source : « Faut-il interdire la corrida ? » diffusé sur la chaîne française BMF

En vous appuyant sur un élément concret, vous parviendrez à rendre plus objectif et légitime votre avis personnel. Par exemple, vous désirez faire valoir des heures de stage supplémentaires dans le cadre de votre formation : rappelez à vos interlocuteurs que se lancer dans un métier sans avoir eu suffisamment d'expérience sur le terrain, c'est comme apprendre à nager sur un tabouret (argument par comparaison). Ou encore, vous souhaitez que l'on aménage un coin détente pour votre équipe au sein de votre lieu de travail, appuyez-vous sur des études qui démontrent les bien-fondés et les bénéfices de cette pratique (argument d'autorité).

COMMENT METTRE EN ÉVIDENCE LES IDÉES CLÉS DE MON TEXTE ?

- En rédigeant un titre clair et concis qui expose le sujet principal de votre document et ses enjeux.
- En organisant votre texte grâce à des chapitres et à des sous-titres qui reprennent les idées secondaires abordées dans le texte.
- En introduisant chaque donnée clé en début de paragraphe.
- En utilisant différentes typologies de caractères pour mettre en évidence les mots-clés (gras, italique, souligné, etc.).
- En répétant les informations principales, sous forme d'une liste à puces, à la fin de votre document ou au début de celui-ci.

POURQUOI ET COMMENT ÊTRE CONCIS ?

Pouvoir s'exprimer et être compris en peu de mots est tout un art. Pour travailler la concision de votre texte, quelques règles s'imposent :

- **supprimez les passages superflus.** Évitez d'ajouter des informations qui n'ont pas de rapport direct avec votre thématique première. Tout élément qui n'apporte rien à la bonne compréhension du message doit être proscrit ;
- **supprimez autant d'adverbes que possible,** car nombre d'entre eux sont en réalité ~~complètement~~ inutiles ;
- **évitez les expressions qui n'apportent rien à la clarté du message.** Par exemple : « ~~Il va sans dire que~~ votre présence à la réunion est indispensable » ;
- **jouez avec la ponctuation.** Les deux points peuvent parfois se substituer aux conjonctions « car, parce que, puisque ». Ainsi, la phrase « Le projet n'a pas abouti : nous n'avons pas eu les subsides à temps » aura davantage d'impact sur le lecteur. Le point-virgule peut remplacer

une conjonction d'opposition dans une structure en miroir, par exemple dans la phrase « Le rôle des professeurs est d'instruire ; celui des élèves d'apprendre » ;

- **travaillez la précision des mots.** Remplacez les groupes nominaux par des termes uniques. Par exemple, « ces derniers temps » par « récemment » ;
- **reformulez les phrases trop longues.** Divisez-les en plusieurs phrases courtes. Ainsi « Pour que ce programme, qui est important pour l'entreprise, soit un succès auprès de nos clients informaticiens, il faut l'adapter aux besoins de leur profession. » deviendra « Ce programme est important pour l'entreprise. Afin qu'il soit un succès auprès de nos clients informaticiens, nous devons l'adapter aux besoins de leur profession. »

QUELS OUTILS DE RÉFÉRENCE UTILISER POUR RÉDIGER ?

- Un dictionnaire de la langue française (type *Le Robert de la langue française*) pour consulter les définitions précises de chaque terme.
- Le Bescherelle[©] pour vérifier la conjugaison et

la grammaire.

- Éventuellement un dictionnaire des synonymes.

COMMENT RELIRE EFFICACEMENT MON DOCUMENT ?

En s'autocorrigeant

- Si les délais vous le permettent, laissez-vous un laps de temps entre l'écriture et la relecture. En retravaillant votre document le lendemain ou le surlendemain à tête reposée et en ayant pris du recul, vous vous rendrez plus rapidement compte des failles et des erreurs commises.
- Après une première relecture sur votre ordinateur, imprimez votre document pour le relire sur papier. Même si cette technique peut sembler archaïque à l'ère de l'informatique, changer de support vous aidera à vous concentrer et à concevoir différemment votre texte.
- Pour une vérification homogène et efficace, morcelez votre relecture au risque de faire l'impasse sur certains passages contenus dans le corps du texte.
- Effectuez trois relectures :

- la première pour vérifier le fond et l'exactitude des informations ;
- la deuxième pour vous assurer de la cohérence globale et de la structure du texte ;
- la dernière pour effectuer la correction orthographique et grammaticale.

En sollicitant une tierce personne

C'est la solution idéale si vous en avez les moyens ou si quelqu'un de votre entourage est prêt à vous aider. Vous pouvez vous tourner vers trois types de lecteurs :

- **le relecteur candide** qui ne connaît rien du sujet traité et sert en quelque sorte de « lecteur type ». Il vous indiquera si les informations exposées sont suffisamment étayées pour être comprises par une personne lambda ;
- **le relecteur expert** qui maîtrise le thème et vous aidera à vérifier l'exactitude des données avancées ;
- **le relecteur « fort en français »** qui effectuera la dernière vérification orthographique et grammaticale de votre texte.

À VOUS DE JOUER

CHECK-LIST POUR UNE BONNE RÉDACTION

Afin de vous autoévaluer, répondez aux questions suivantes :

Introduction

Ai-je atteint les objectifs de mon introduction ?

- Ai-je formulé une phrase d'accroche permettant de contextualiser le thème de mon texte ?
- Ai-je annoncé brièvement le plan du texte et la façon dont les éléments s'y trouvent agencés ?

Ai-je respecté les contraintes de l'introduction ?

- Suis-je parti(e) du principe que le lecteur ignore tout de mon sujet ?
- L'introduction est-elle assez courte (idéalement elle n'excède pas les 1/7e du texte) ?

Développement

- La structure de mon texte est-elle claire ?
- Ai-je découpé le texte en paragraphes cohérents (un paragraphe = une idée) ?
- Conclusion

Ai-je conclu mon document en soulignant les idées principales ?

MÉMENTO À GARDER À PORTÉE DE LA MAIN

Entraînez-vous à rédiger des phrases à l'aide des connecteurs suivants :

Quelques connecteurs logiques

Énumérer des éléments	Premièrement, deuxièmement, etc. En premier lieu, en second lieu, etc. D'abord, ensuite, enfin, etc. D'une part, d'autre part, etc.
Ajouter des idées	Ensuite, de plus, encore, d'ailleurs, de surcroît, etc.
Marquer une opposition ou une concession	Bien que, même si, cependant, toutefois, néanmoins, en revanche, malgré, etc.
Marquer un lien de causalité	Parce que, étant donné que, sous prétexte que, etc.
Indiquer une conséquence	De sorte que, si bien que, ainsi que, par conséquent, etc.
Résumer, conclure un ensemble d'affirmations	En conclusion, pour résumer, en définitive, etc.

EXERCICES DE REFORMULATION

Rien de mieux qu'un peu d'entraînement pour s'améliorer. Reformulez les phrases suivantes pour qu'elles soient agréables et compréhensibles à lire. N'oubliez pas que le lecteur doit identifier clairement le sujet de chaque verbe et l'idée que vous souhaitez transmettre.

- « Si vous ne voulez pas que votre bébé soit malade, vous devez tenir son biberon propre ; quand il a bu, dévissez-le et placez-le dans le stérilisateur. »
- « Malgré les désaccords préalables des différents participants nous sommes parvenus au terme de la négociation à réaliser un règlement qui reprend les points essentiels soulevés tant par l'association des parents que les membres de la direction et qui devrait être mis en œuvre dès la rentrée prochaine. »
- « J'ai rencontré l'associé de M. Dubois qui était sur le point d'envoyer un e-mail à la Direction rapportant le comportement, selon lui déplorable, qu'aurait eu le professeur de mathématiques envers son fils, et qui m'a dit qu'il ne voulait plus le revoir. »

- « Selon ses dires, la victime est morte vers 18 heures. »
- « L'inspecteur enquêtait sur la mort du président corrompu lorsque le corps de celui-ci disparut sous le plancher : il était pourri. »
- « Le Docteur : Tu me prends donc pour un homme à qui l'argent fait tout faire, pour un homme attaché à l'intérêt, pour une âme mercenaire ? Sache, mon ami, que quand tu me donnerais une bourse pleine de pistoles, et que cette bourse serait dans une riche boîte, cette boîte dans un étui précieux, cet étui dans un coffret admirable, ce coffret dans un cabinet curieux, ce cabinet dans une chambre magnifique, cette chambre dans un appartement agréable, cet appartement dans un château pompeux, ce château dans une citadelle incomparable, cette citadelle dans une ville célèbre, cette ville dans une île fertile, cette île dans une province opulente, cette province dans une monarchie florissante, cette monarchie dans tout le monde ; et que tu me donnerais le monde où serait cette monarchie florissante, où serait cette province opulente, où serait cette île fertile, où serait cette ville célèbre, où serait cette citadelle incompa-

rable, où serait ce château pompeux, où serait cet appartement agréable, où serait cette chambre magnifique, où serait ce cabinet curieux, où serait ce coffret admirable, où serait cet étui précieux, où serait cette riche boîte dans laquelle serait enfermée la bourse pleine de pistoles, que je me soucierais aussi peu de ton argent et de toi que de cela. » (Molière, *La Jalousie du Barbouillé*, acte I, scène 2)

Votre avis nous intéresse !
Laissez un commentaire sur le site de votre
librairie en ligne et partagez vos coups de cœur sur
les réseaux sociaux !

POUR ALLER PLUS LOIN

SOURCES BIBLIOGRAPHIQUES

- BOURGET (M.-J.), « La note et la note de service. Modèles », in *Visez juste en français*, consulté le 21 août 2015. http://www.visezjuste.uottawa.ca/pages/redaction/note_de_service_modele.html

- COLSON (Jacques), *Le dissertoire. De l'art de raisonner et de rédiger*, Bruxelles, De Boeck, 1987.

- « Faut-il interdire la corrida ? » in *BFM TV*, le 20 septembre 2012, consulté le 7 août 2015. https://www.youtube.com/watch?v=HChfbT3aGQ4

- GIRARD (Benoit), *La communication écrite dans l'entreprise*, Bruxelles, De Boeck, 1997.

- GRISELEIN (Madeleine), CARPENTIER (Chantal), MAÏLLARDE (Joëlle) et ORMAUX (Serge), *Guide de la communication écrite*, Paris, Dunod, 1992.

- « La lettre commerciale », in *Bien écrire*, consulté le 21 août 2015. http://www.bienecrire.org/lettre-commerciale.php

- MACCIO (Charles), *Savoir écrire un livre… un rapport… un mémoire. De la pensée à l'écriture*, Lyon, Chronique sociale, coll. « L'essentiel », 1992.

- MEUNIER (Jean-Pierre) et PERAYA (Daniel), *Introduction aux théories de la communication*, Bruxelles, De Boeck, 1993.

- MIMEAULT (Véronique), « L'étape de la rédaction. Surmonter le phénomène de la page blanche », in *Centre d'aide aux étudiants de l'université de Laval*, consulté le 7 août 2015. https://www.aide.ulaval.ca/cms/Accueil/ Apprentissage_et_Reussite/2e_3e_cycles/ Page_blanche

- NIQUET (Gilberte), *Écrire avec logique et clarté*, Paris, Hatier, coll. « Profil formation français », n° 391, 1983.

- OURY (Pascaline), *Rédiger pour être lu. Les secrets de la communication écrite efficace*, Bruxelles, De Boeck, 1990.

- PEYROUTET (Claude), *La pratique de l'expression écrite*, Paris, Nathan, coll. « Repères pratiques », 2005.

- PEYROUTET (Claude), *Style et rhétorique*, Paris, Nathan, coll. « Repères pratiques », 2002.

- RICHAUDEAU (François), *Le langage efficace*, Paris, Retz, 1984.

SOURCES COMPLÉMENTAIRES

- « La langue claire et simple », in *Travaux publics et services gouvernementaux Canada*, consulté le 21 août 2015.
  http://www.btb.termiumplus.gc.ca/redac-chap?lang=fra&lettr=chapsect10&info0=10

- VALLÉE (Catherine), « Les règles générales de la communication écrite », in *École supérieure de l'éducation nationale*, consulté le 7 août 2015.
  http://www.esen.education.fr/fileadmin/user_upload/Modules/Ressources/Outils/communica-tion_inspecteur/vallee_c_regles_comm_ecrite_2.pdf